# Vente du Lundi 13 Novembre 1882

### HOTEL DROUOT, SALLE N° 4

#### A UNE HEURE ET DEMIE

## Et le soir, à 8 heures précises

# ESTAMPES

## ANCIENNES

## DE L'ÉCOLE FRANÇAISE DU XVIII° SIÈCLE

### IMPRIMÉES EN NOIR ET EN COULEUR

### Très belles Pièces à l'état d'eau-forte pure et avant la lettre

#### PROVENANT

# De la Collection de M. de L...

## ARTISTE-GRAVEUR

---

## EXPOSITION PUBLIQUE

### Le Dimanche 12 Novembre 1882, de 1 heure 1/2 à 5 heures 1/2

---

| Me Léon TUAL | M. GANDOUIN |
|---|---|
| COMMISSAIRE-PRISEUR | EXPERT DES DOMAINES NATIONAUX |
| rue de la Victoire, n° 39 | rue Le Peletier, n° 12 |

## PARIS — 1882

Vᵉ RENOU, MAULDE et COCK

IMPRIMEURS DE LA COMPAGNIE DES COMMISSAIRES-PRISEURS

Rue de Rivoli, 144.

# CATALOGUE
# D'ESTAMPES

## ANCIENNES

## DE L'ÉCOLE FRANÇAISE DU XVIII<sup>e</sup> SIÈCLE

### IMPRIMÉES EN NOIR ET EN COULEUR

PROVENANT

## De la Collection de M. de L...., Artiste-Graveur

PAR ET D'APRÈS

Baudouin, Boucher, Fragonard, Freudeberg, Greuze, Moreau, Quéverdo
Watteau, Bonnet, Descourtis, Janinet, etc.

TRÈS BELLE COLLECTION DE PIÈCES DE GRAVEURS DU XVIII<sup>e</sup> SIÈCLE

A l'état d'eau-forte pure, et avant la lettre

## JOLIS PORTRAITS ET TRÈS BELLES VIGNETTES

EN DIFFÉRENTS ÉTATS

### Pour illustration de Livres

## DESSINS ANCIENS DE L'ÉCOLE FRANÇAISE ET AUTRES

# GOUACHES

Ornements et Gravures sur bois des xv<sup>e</sup> et xvi<sup>e</sup> siècle

DONT LA VENTE AURA LIEU

# HOTEL DROUOT, SALLE N° 4

## *Le Lundi 13 Novembre 1882*

A UNE HEURE ET DEMIE

### Et le soir, à 8 heures précises

Par le ministère de M<sup>e</sup> **Léon TUAL**, Commissaire-Priseur,
rue de la Victoire, 39,

Assisté de **M. GANDOUIN**, Expert des Domaines nationaux,
rue Le Peletier, 42.

## EXPOSITION PUBLIQUE

Le Dimanche 12 Novembre 1882, de 1 heure 1[2 à 5 heures 1/2.

## PARIS — 1882

## CONDITIONS DE LA VENTE

---

Elle sera faite au comptant.

Les Acquéreurs paieront, en sus des adjudications, CINQ CENTIMES PAR FRANC, applicables aux frais.

---

M. GANDOUIN, Expert, remplira les commissions des personnes qui ne pourraient assister à la Vente et se réserve la faculté de réunir et de diviser les lots.

Les Personnes qui désirent recevoir les Catalogues de Ventes publiques sont priées d'en faire la demande par lettre affranchie.

---

## ORDRE DE LA VACATION

---

| | |
|---|---|
| Portraits | Nᵒˢ 224 à 268 |
| Estampes anciennes | 269 à 340 |
| Vignettes | 167 à 225 |
| Ecole française, en noir | 65 à 145 *ter* |
| Ecole française, en couleur | 146 à 167 |
| Dessins | 1 à 64 |

---

## VACATION DU SOIR, A 8 HEURES PRÉCISES

---

Collection d'environ 1,000 Dessins et 5,000 Gravures, Portraits, Vignettes, Ornements, Voitures, Lithographies, Caricatures militaires, Architecture, Fêtes publiques, Vues diverses provenant des Cartons de l'Artiste et que le temps ne nous a pas permis de cataloguer.

——•☙•——

# DESSINS

—

### ALIENSI (Antonio)

1 — Triomphe de sainte Catherine.

Dessin à la plume et lavé de sépia.

### BEAUMONT (Edouard de)

2 — Scène Louis XV. Esquisse pour les chansons populaires de la France.

### BEAUVARLET (Jacques-Firmin), 1731-1797

3 — La Confidence. — La Sultane, d'après Vanloo.

Magnifiques dessins à l'encre de Chine, dessus très finis et remarquables par leur exécution, ont été gravés par le maitre et dédiés au marquis de Marigny et sur lesquels M<sup>me</sup> de *Pompadour* est représentée.

### BOUCHER (Attribué à), 1704-1770

4 — L'Amour poète.

Dessin à la pierre noire, encadré.

## BOURGEOIS

5 — Paysage à l'aquarelle.

On a ajouté un dessin à la sépia de *Nicolle*. 2 pièces.

## CARESME (JACQUES-PHILIPPE)

6 — Vénus et l'Amour. Croquis rehaussé de blanc, en largeur.

Très belle esquisse.

## CHABRILLAC

7 — L'Atelier de Lethière.

Beau dessin fait d'après nature en 1823. Tous les artistes fréquentant l'atelier ont leur nom mis à côté du portrait de chaque élève (parmi lesquels Tassaert, Lacour, Debois, Lecoq, Savouré, Louis Boulanger, Xavier Dupré et Lethière).

8 — Intérieur d'atelier.

Belle étude à l'essence sur papier.

## COURTOIS

9 — La Promenade des remparts de Paris, d'après Augustin de Saint-Aubin.

Dessin du graveur, à la plume et à la sépia.

## CRAPELET

10 — Bords du Delta (Egypte), aquarelle.

Joli dessin du XIXᵉ siècle.

11 — Souvenir d'Egypte, coucher de soleil (aquarelle).

Joli dessin du XIXᵉ siècle.

12 — Bords du Nil (aquarelle).

Joli dessin signé 1863.

## DAMOURETTE

13 — Scènes de bal masqué, deux pierrots.

À la plume et à la sépia.

14 — Aquarelles et un Croquis à la mine de plomb.
3 pièces.

## DECAMPS (A.-G.)

15 — Croquis, 3 pièces provenant de la vente de
l'artiste.

## DELAFOSSE (Attribués à)

16 — Sept Dessins à la plume, lavés d'encre de chine.

Très beaux dessins, attributs rustiques (les Saisons et autres).

## DESRAIS (G.-L., 1746-1816

17 — Deux Dessins à la plume et à la sépia, in-12.

Superbes dessins qui ont été gravés. (Pour un poème *La Goutte ?*)

18 — Au Temple du bon goût. Projet d'adresse pour
une marchande de modes. dessin à la plume et
encre de chine.

## DE WITTE (D'après)

19 — Intérieur d'une église hollandaise.

## DUPRÉ (Victor)

20 — Paysage (aquarelle).

### ÉCOLE FRANÇAISE (xv<sup>e</sup> siècle)

**21** — Dix Miniatures du xv<sup>e</sup> siècle provenant d'un manuscrit français. Riches encadrements.

Magnifiques miniatures de la plus grande finesse, sur peau de vélin, pour un livre d'heures de ce siècle.

### ÉCOLE FRANÇAISE (xvii<sup>e</sup> siècle)

**22** — Frise, peintures sur vélin, par un artiste de la fin du règne de Louis XIII, exécutée en trois morceaux.

Superbe miniature exécutée avec une grande délicatesse représentant des oiseaux, fleurs et ornements. **Travail remarquable.**

**23** — Marie-Antoinette.

Curieux dessin à la mine de plomb, ovale.

### ÉCOLE DE BALE (xvi<sup>e</sup> siècle)

**24** — Modèle de vitrail orné d'armoiries et de figures allégoriques, surmonté d'un sujet représentant deux seigneurs combattant en tournoi et chargé de l'inscription suivante : Antoni Felszu Lindom und Sabina do Rirche sin Chamahl 1598.

Très beau dessin à la plume.

**24 bis** — Autre, de la même école, orné au centre d'une armoirie; sur les côtés, de figures allégoriques et d'instruments de musique ; dans le haut, deux sujets séparés par un arbre représentent un concert de six musiciens, et un seigneur et sa dame auxquels l'on donne une aubade.

Très beau dessin à la plume.

## ÉCOLE ITALIENNE (xvi° siècl)

25 — Vase d'un très beau style, orné d'une frise
représentant le combat des Centaures ; au verso,
autre composé (vase orné de masques et de dauphins)
à la sépia.

Très belles compositions.

## ÉCOLE JAPONAISE

26 — Intérieur d'un bain de vapeur de dames. Peinture
à l'aquarelle sur soie (encadrée).

Très curieux et beau dessin représentant une salle de bains au
milieu de laquelle onze femmes nues accroupies près de baquets
procèdent à leur toilette. Au premier plan une dame japonaise achève
d'habiller sa fillette. Scène de mœurs curieuse. Signé.

## ÉCOLE PERSANE

27 — Deux Miniatures : Figure de femme assise se
dévoilant. — Un prince persan accompagné de sa
suivante.

Beaux dessins.

## FILOSA (École moderne)

28 — Jeune Femme assise, brodant.

Trés jolie aquarelle de cet artiste distingué.

## GARD (École moderne)

29 — Deux Dessins au fusain.

Belles compositions.

30 — Marines, dessins au fusain. 2 pièces.

31 — Paysage et Marine, dessins au fusain, 2 pièces.

## GILBERT (Victor)

32 — Bords de la Seine (aquarelle).

## GIRODET (Trioson), 1767-1824

33 — Allégorie représentant une jeune dame, avec costume de l'époque. assise dans un char traîné par la Folie et par l'Amour ; le char roule sur un lit de roses et de billets doux.

## GRANET (École française)

34 — Moine et Breton. 2 études.

## GRIMALDI (Jean-François), dit le **BOLOGNÉSE**
### 1606-1680

35 — Paysage.

Très beau dessin à la plume, provenant du cabinet Boilly.

## GUARDI (Francesco), 1712-1793

36 — Deux Gouaches. Souvenir de son habitation, près du Pont-des-Paludes.

Magnifiques dessins avec autographe au verso.

## HULK

37 — Marines. 2 dessins au lavis.

## JACQUE (Charles)

38 — Le Passage du gué.

Très beau dessin au Conté rehaussé de blanc. L'artiste a représenté la scène au soleil couchant. Dessin d'une très grande énergie et d'un beau caractère.

## JOLLAIN

39 — Intérieur de parc, dessin rehaussé de sépia.

## LAVREINCE (D'après N.), 1746-1808

40 — La Balançoire mystérieuse.

Peinture à la gouache, d'un très bel état de conservation, d'un précieux travail et exécuté à l'époque de l'artiste, d'après la gouache originale.

## LE GROS (1790)

41 — Portrait de Bonaparte, général en chef de l'armée d'Italie, au crayon, dans un ovale.

Ce dessin a été gravé.

## LEPICIÉ (Nicolas-Bernard), 1735-1784

42 -— L'Amour précepteur, d'après Coypel.

Dessin à la mine de plomb du graveur qui a servi pour l'estampe.

## LESSORE (père)

43 — Paysage : effet de soleil couchant (aquarelle).

## LIES (Baron Henri)

44 — Départ pour la chasse, scène du moyen âge, étude à l'essence.

## MEULEN (Antoine-François-Vander), 1634

45 — Batailles, dessins à la plume et à la sépia.

Deux beaux dessins pour un tableau.

## MOITTE (Jean-Guillaume), 1747-1810

46 — Tombeau du général Leclerc, qui doit être placé au Panthéon, dessiné et inventé par Moitte, statuaire, membre de l'Institut et de la Légion d'honneur, 1808.

Magnifique dessin à la plume; ce projet porte l'inscription suivante sur la tablette supérieure : Le Clerc, général en chef de l'armée de Saint-Dominigue, termina dans cette isle sa glorieuse carrière, l'an 1800.

## MONNIER (Attribués à Henri)

47 — Visite à l'accouchée. — La Rencontre, 2 pièces.

Dessins à la plume et à l'aquarelle.

## MOUILLERON (Ecole moderne)

48 — Jeune Femme. — Deux jeunes Badois. Deux dessins.

Croquis donnés par l'artiste à M. de L.

## MOREAU (Louis, dit l'aîné), 1740-1806

49 — Paysages ornés de figures,

Magnifique gouache d'une grande finesse d'exécution, avec cadres en bois sculpté de l'époque.

## NOTERRE (Ecole moderne)

50 — La cruelle Attente.

Joli dessin.

## OMMEGANCK (Balthasar-Paul), 1755-1826

51 — Le Taureau (aquarelle).

## PILLEMENT (Jean), 1726-1808

52 — Repas de laboureurs.

Magnifique dessin sur papier teinté à la pierre noire, rehaussé de blanc, signé et daté de l'an IV de la République, 1796, encadré.

53 — Route en forêt.

Magnifique dessin sur papier teinté à la pierre noire, rehaussé de blanc, signé et daté de l'an IV de la République, 1796. Ces deux dessins, œuvre capitale du dessinateur, font pendants.

54 — Lettres Chinoises, dessin au crayon noir. — Alphabet chinois, d'une composition agréable.

## RIGAUD (H.)

55 — La Princesse Gabrielle. — La Princesse aînée, 2 pièces.

Projets de tableaux à l'aquarelle, portraits intéressants pour le siècle de Louis XIV.

## ROBERT (Attribué à Hubert), 1733-1808

56 — Ruines.

Très beau dessin à la sépia.

## ROQUEPLAN Camille-Joseph-Et.), 1803-1855

57 — Marguerite Gautier, 1845, avec personnages de l'époque, dessin intéressant de l'héroïne de l'ouvrage de Dumas fils (la Dame aux Camélias.)

## SALMON (Théodore), 1818-1874

58 — Quatre Dessins à la pierre noire : Croquis divers, Académie et Études.

Beaux croquis de l'artiste avec les cachets de la vente.

## SAINT-AUBIN (Gabriel de), 1724-1780

59 — Ballet des Marmottes aux Italiens.

Curieux croquis à la mine.


## SWEBACH (dit Desfontaines), 1769-1823

60 — Promenade à cheval.

Très beau dessin à la plume, signé Swebach invenit, Saint-Péters-
bourg, 1810.

61 — Repos de chasse.

Très joli dessin à la plume, lavé d'encre de Chine.


## TAIS (École moderne)

62 — Paysages (Aquarelles). Deux pièces.


## VERNET (Carle), 1758-1835

63 — Portrait d'homme en pied.

Très joli croquis, au fond Chasseur sonnant du cor.


## VERNET (Horace), 1789-1863

64 — Bonaparte forçant le grand Marabout du Caire
à ordonner les fêtes de l'inondation du Nil, auxquelles
il a assisté.

Très beau dessin à la plume, lavé d'encre de Chine, a été gravé
dans le Consulat et l'Empire de Thiers, encadré.

# ÉCOLE FRANÇAISE DU XVIIIᵉ SIÈCLE

### ESTAMPES IMPRIMÉES EN NOIR

---

## AUBRY (D'après E.)

65 — **Les Adieux de la Nourrice**, gravé par R. de Launay, 1779.

> Magnifique épreuve avant toutes lettres, 1ᵉʳ état à *l'eau-forte* pure.

66 — La Demande acceptée.

> Superbe et très rare épreuve avant toutes lettres, à l'eau-forte pure, 1ᵉʳ état.

67 — L'heureux Ménage.

> Belle épreuve avant toutes lettres.

## BAUDOUIN (Pierre-Antoine), 1723-1769

68 — **Annette et Lubin**. Au pied d'un arbre, dans un bosquet, un jeune paysan en manches de chemise approche une grappe de raisin de la bouche d'une jeune paysanne, sur l'épaule de laquelle il a passé un bras. Celle-ci, tournée vers la gauche, est assise par terre auprès d'une source, tenant d'une main un panier de fruits. A gauche, une table sur laquelle est une cruche, une jatte de lait et un pain. Dans le fond, au milieu de branchages et appuyée sur une haie de clôture, le bailli considérant la scène.

> Magnifique et très rare épreuve du 1ᵉʳ état, eau-forte pure, de la plus insigne rareté, avant toutes lettres, de la plus grande fraîcheur non citée avant l'encadrement et avant la tablette inférieure, citée comme 1ᵉʳ état. (E. Bocher, œuvre de Baudouin.)

## BAUDOUIN (D'après P.-A.)

69 — **Les Cerises.** — Un jeune paysan monté sur une échelle posée contre un cerisier, cueille des cerises qu'il jette dans le tablier d'une paysanne que l'on voit à gauche, de profil, à droite, tenant des deux mains son tablier et ses jupes, à ses pieds, une autre femme assise par terre, vue de dos, ayant près d'elle un petit chien, à droite, un âne entrain de manger dans un auge rustique, par P. Ponce.

Magnifique et très rare épreuve de la plus grande rareté du 1er état à *l'eau-forte pure*, excessivement rare de cette qualité et dans cette condition, grande marge avec des essais de burin non effacés. (E. Bocher, œuvre de Baudouin, n° 13.) Ces deux pièces capitales de l'œuvre du graveur Ponce, font pendants.

## BEAUVARLET (J.-F.), 1731-1797

70 — **Suzanne entre les deux Vieillards,** d'après Vien.

Magnifique et très rare épreuve avant toutes lettres, à *l'eau-forte*, 1er état, d'après le tableau du comte de Vence.

## BERVIC (Jean-Guillaume), 1756-1822

71 — En grand costume royal, debout sur les marches du Trône, d'après Callet, gr. in-fol., 1790.

Très belle épreuve encadrée.

## BINET (D'après), 1744-1800

72 — Le Chasseur. — La Nourrice. Deux pièces faisant pendant, gravées par Boignet.

## BOILLY (L.), 1761-1845

73 — L'Amant, musicien, par Levilly.

## BOISSIEU (Jean-Jacques de), 1736-1810

74 — Le Charlatan, deux pièces, dont une avant lettre,
et l'autre à l'eau-forte, 1773.

> Belles épreuves, rares, eau-forte remarquable d'expression par la
> vérité et l'effet.

## BOSIO (D'après)

75 — Le petit Jeu de société.

> Curieuse pièce politique, lithographiée, huit personnages, sur
> l'avènement de Napoléon II. On a ajouté une pièce de C. Nanteuil sur
> chine avant la lettre, très rare.

## BOUCHER (D'après F.)

76 — La Sainte Famille.

> Superbe et très rare épreuve avant toutes lettres.

## BOUNIEU (D'après)

77 — **L'Innocence sous la garde de la Fidélité**,
par Ponce.

> Magnifique et très rare épreuve avant toutes lettres, à *l'eau-forte*,
> signé N. P. (Louis XVI, enfant endormie.)

## BRAUWERS (D'après)

78 — Intérieur hollandais.

> *Eau-forte pure* à toutes marges. On y a ajouté S. François en
> extase, d'après Adrien Van der Cabel.

## COCHIN (Charles-Nicolas), 1715-1790

79 — Frontispice de l'Encyclopédie, gravé par Prevost, in-fol.

> On a ajouté deux pièces de Greuze. La Servante congédiée, le Ramoneur, in-folio.

## COYPEL (D'après Ch.-A.)

80 — **Allégorie** pour titre d'un ouvrage représentant l'Hydre et la France pleurant; en haut, la Renommée et la Musique soutenant un médaillon en blanc.

> Magnifique et très rare épreuve, *eau-forte*, l'ovale est blanc, avant le portrait de Louis XV, très rare.

81 — La même pièce, avant toutes lettres.

## CROISEY

82 — Marie-Antoinette, archiduchesse d'Autriche, dauphine de France, in-fol.

> Très belle épreuve à toute marge, très rare, l'un des meilleurs et des plus gracieux portraits qui aient été exécutés de la jeune princesse; elle est représentée de trois quarts à gauche, la coiffure demi-haute, bouclée et ornée de perles, un nœud de rubans autour du cou, l'ovale du portrait est entouré d'un cadre richement orné avec roses, fleurs de lys, carquois, flambeaux, etc. Excessivement rare à rencontrer en aussi belle épreuve, superbe condition.

## DEBUCOURT (L.-P.) 1755-1832

83 — Un Gourmand, dessiné et gravé par D., 1803.

> Bonne épreuve.

## ÉCOLE FRANÇAISE

84 — Eaux-fortes, d'après Ostade, Saint-Non et Pierre.
3 pièces.

Superbes et très rares épreuves de graveur, eaux-fortes pures
avant toutes lettres.

85 — Par Teniers, Lebas Berghem, suite de dix-sept
pièces, pour la Galerie Poullain, Choiseul, Lebrun
et autres.

Superbes et très rares épreuves avant la lettre et à l'eau-forte,
épreuves des graveurs, Trière, Houel, Daudet, Wesbrod, etc.

86 — Estampes à l'eau-forte, in-fol., de Fortier, d'après
Prud'hon, Lebarbier, etc. 4 pièces.

Epreuves de graveurs de 1$^{er}$ état.

87 — Par Steuben — Mercure et Argus — Adam et Ève,
avant les lettres.

Belles épreuves de graveurs, in-folio, dont quatre eaux-fortes de
Fortier. 5 pièces.

88 — Par Wouverman et Pillement, etc. 8 eaux-fortes,
in-fol., d'après les tableaux des maîtres, gravées par
Peak, etc.

Superbes et très rares épreuves de graveurs.

### EISEN (CHARLES), 1721-1778

89 — Adonis frontispice, d'après C. Eisen, 1775, gravé
par Ponce, 1 vol. in-8 (par *Fréron* et *Colbert*).

Magnifique et très rare épreuve avant la lettre, de la plus grande
fraicheur, excessivement rare.

## FESSARD (Mathieu-Cl.), 1740

90 — Ornementation d'après Martin du portrait de Marie-Elisabeth-Jean-Baptiste Guyard, épouse de Messire Ch.-Paul de Bourgeois de Moligny, de Vialard, née le 29 mai 1721, décédée le 24 octobre 1765.

Magnifique et très rare épreuve, tirage à part, l'ovale et le cadre du portrait ayant été terminé et gravé par un autre artiste, épreuve du graveur Fessard avec retouches à la mine de plomb. (non cité.)

## FRAGONARD (D'après)

91 — La Mère de famille, par Romanet.

## FRAINE (D'après J. de)

92 — L'Acte d'humanité, par R. de Launay.

Belle épreuve.

## FREUDEBERG (D'après S.), 1745-1801

93 — **La Félicité villageoise**, par de Launay. Petit in-fol. en largeur.

Magnifique et très rare épreuve à *l'eau-forte*, avant toutes lettres, avant l'encadrement, l'ovale seul, à toutes marges, de la plus grande rareté, 1er état, elle a été terminée par son élève Delignon.

94 — **La Gaieté conjugale**, par N. de Launay. Petit in-fol. en largeur.

Magnifique et très rare épreuve à *l'eau-forte*, avant toutes lettres, avant l'encadrement, l'ovale seul, à toutes marges, de la plus grande rareté, 1er état. Pendant du précédent.

95 — **Le Musicien ambulant**, gravé par P. Trière.

Superbe et très rare épreuve avant toutes lettres, à *l'eau-forte* et avant la bordure.

## FREUDEBERG (D'après S.)

**96 — Le Soldat en semestre**, par Ingouf, 1777.

Magnifique et très rare épreuve à *l'eau-forte*, les noms des artistes à la pointe, 1er état. Superbe condition.

**97 — Le Retour des champs.**

Superbe et très rare épreuve à *l'eau-forte*, avant toutes lettres en largeur, 1er état, pièce non décrite jusqu'à ce jour.

## GABRIEL

98 — Jean qui rit et Jean qui pleure. Deux pièces par Alix.

## GERMAIN (Inv. 1766)

99 — Pièce curieuse sur la Franc-Maçonnerie (*Virtute non potientia ligati*) dédiée à M. le chevalier de Beauchaine. grand in-8, ornée.

Belle épreuve.

## GONZALÈS

100 — Les Premices de l'amour propre, gravé par Macret.

Belle épreuve.

## GREUZE (D'après), 1725-1805

**101 — La Fille confuse.**

Magnifique et très rare épreuve du 1er état, *eau-forte pure*, P. Ingouf l'aîné, 1773, les noms des artistes à la pointe, très rare dans cette condition, cette pièce a été terminée par Ingouf jeune.

## GREUZE (D'après J.-B.)

**102 — Le Malheur imprévu**, par R. de Launay.

Magnifique et très rare épreuve de 1er état, avant toutes lettres, avant les armes, à *l'eau-forte pure*, excessivement rare.

## GREUZE (J.-B.)

103 — La Maman, gravé par Beauvarlet.

## HUET (Jean-Baptiste), 1745-1811

104 — L'Amant pressant. — La Déclaration, gravé par Legrand, en noir.

Très rares épreuves avant l'impression en couleur.

## INGOUF (P.-Ch), 1746-1800

**105 — J.-J. Flipart**, graveur du roi, dessiné et gravé par son élève Ingouf le jeune. 1772. In-4°.

Superbe et très rare épreuve, *eau-forte pure*, 1er état, avant toutes lettres, toutes marges.

## PIERRE (D'après).

106 — Vénus et l'Amour, par Levêque (1770).

Très rare épreuve avant toutes lettres.

## LANCRET (D'après N.)

**107 — Veux-tu d'une inhumaine emporter la tendresse ?** par S. Silvestre (E. B. 85).

Belle épreuve.

---

## GRAVELOT

194 — Suite de dix-neuf figures de Gravelot (S.-L.). 1762, in-8 (manque le chant I[es]).

195 — Huit figures de la même, suite, in-8.

196 — Huit figures de Gravelot, gravées par Duclos, de Launay et Rousseau, in-4, pour les œuvres de Voltaire.

## JOHANNOT

197 — Deux figures avant la lettre et eau-forte, de Johannot (Fables).

**On a ajouté l'eau-forte de Molière de Buguet (le Depit amoureux) et une pièces de Desenne, 5 fig.**

## JOHANNOT et AUTRES

198 — Suite de 88 pièces in-8, d'après Johannot, pour les œuvres, de Walter Scott.

## JOHANNOT

199 — Suite de 12 pièces in-8, pour Notre-Dame-de Paris, d'après Johannot et Rogier, etc.

## LEBARBIER

200 — Suite de 18 figures de Lebarbier, gravées par Dambrun, de Ghendt, Halbou, Romanet et Trière. (Pour la *Jérusalem délivrée* du Tasse).

## LECLERC (D'après)

201 — Huit pièces diverses ornements, d'après Demarteau, S. Le Clerc, etc.

Une pièce est tirée à l'eau-forte sur le verso de la pièce terminée.

## LEROUGE et AUTRES

202 — Neuf pièces, d'après Lerouge, pour divers ouvrages, d'après les maîtres anciens et galeries de tableaux.

Epreuves de graveurs dont quelques-unes très rares.

## LESCURIEUX

203 — Suite complète de 8 pièces in-12 de Lescurieux, pour Désaugiers.

Belles épreuves pour l'édition de Ladvocat, 4 vol. in-12.

## MARILLIER (C.-P.)

204 — Suite de 3 portraits. — M$^{lle}$ de Scudéri. — M$^{me}$ Desroches. — M$^{lle}$ de Louvancour. Gravés par Ponce, 1775.

Superbes épreuves avant la lettre, tirage à part avant le texte au verso, pour le Parnasse des Dames.

## MARILLIER (D'après C.-P.)

205 — Cinq figures in-8, gravées par Dambrun, de Ghendt, de Launay. (Dont 1 titre pour les Sens, 1778.)

Superbes épreuves de graveurs avant la lettre, les noms à la pointe papier fort.

## MARILLIER

206 — Suite de 6 pièces d'après Marillier et Huet, gravées par Le Roy, 1764. — *Tassoni* Secchia Rapita, 2 vol. in-8.

Superbes épreuves de graveur avant la lettre, tirages à part avant le texte an verso.


## MARILLIER (C.-P.)

207 — Cul-de-lampe pour d'Arnaud, par de Launay.

Magnifique épreuve avant la lettre avant le texte, les noms à la pointe ; pièce capitale du maître.


## MARILLIER (D'après C.-P.)

208 — Un entète et 1 cul-de-lampe gravés par Ponce. 2 pièces.

Très belles épreuves, tirages à part avant la lettre avant le texte au verso.


## MARILLIER

209 — Suite de 6 pièces de Marillier, gravées par R. de Launay pour la Sainte Bible. 12 vol. in-4.

Superbes et très rares épreuves avant la lettre avec les cadres.


210 — Suite de 8 pièces à l'eau-forte pour Rousseau, les Moissonneurs, etc.

Très belles épreuves.

## MONNET (Ch.).

211 — Lot de 33 pièces de Monnet gravées par Fessard, Loutherbourg. — Fables de La Fontaine. 6 vol. in-8.

> Superbes épreuves de graveur, dont quelques pièces à l'eau-forte en tête, les eaux-fortes n'ont jamais été tirés à part sans le texte, de la collection du graveur Fessard.

212 — Suite de 6 figures d'après Monnet, gravées par Fessard (pour les Fables de La Fontaine).

> Epreuves d'artistes à l'eau-forte, rares.

## MOREAU (J.-M. d'après)

213 — Suite de 16 pièces in-4 pour les OEuvres, 1774 (dont 8 pour la Nouvelle Héloïse, 7 pour Émile et une pour le Contrat social).

> Superbes épreuves de cette superbe suite, papier fort, à toutes marges, gravées par Duclos, de Launay, Lemire et Simonet.

— Les Confessions. Suite complète de 6 figures in-4 de Lebarbier (OEuvres 1774), gravées par Halbou, Dambrun, Lemire, Romanet et Trière.

## MOREAU (J.-M.)

214 — Les Grâces par de Querlon, 1 frontispice de Boucher et 3 fig. de Moreau, gravées par Simonet, Massard et de Launay.—On a ajouté 2 pièces de Moreau et Eisen pour Tarsis et Zélie.

> Superbes épreuves, papier fort.

## MOREAU, LEBARBIER, etc.

215 — Douze figures gr. in-8, avec les cadres, d'ap.
Moreau, Lebarbier et Monsiau, pour Ovide (de Villave,
4 vol.).

Superbes épreuves avant la lettre, gravées par Courbe, Langlois,
Mariage, Baquoy, de Launay, etc.

## MOREAU et MIRYS

216 — Histoire de France et Romaine, gravées par de
Launay et Guttemberg.

Très belles épreuves avant la lettre, dont une eau-forte.

## MOREAU et MONNET

217 — Suite de 4 pièces, dont 2 pour les Incas, gravées
par de Launay et Tilliard.

## MOREAU (J.-M.)

218 — Le pauvre Diable, in-4 avant toute lettre. —
2 pièces Rousseau par Maillet. — Vénus par Garne-
rey, par R. de Launay. — Gravelot, Henriade.

Très belles épreuves avant la lettre.

## MOREAU (J.-M.)

219 — Suite de 14 pièces d'ap. Moreau, grav. par Dambrun, Simonet, in-8. (Voltaire, édit. de la Société
littéraire typographique, 1789).

220 — Dix pièces d'ap. Moreau, par Blanchard, Lefèvre,
etc., pour Voltaire.

## QUEVERDO et **BOREL**, etc.

221 — Dix pièces diverses par de Longueil, Saint-Aubin, Gaucher, etc.

222 — Huit pièces d'après Rembrandt, Devéria, etc., gravées par de Villiers, etc. Avant la lettre et eaux-fortes.

223 — Suite de 6 pièces diverses, portraits et figures, dont une avant lettre avec son eau-forte pour le Laboureur, d'après Desrais et autres.

# PORTRAITS

224 **Balechou** (Prosper). Joliot de Crebillon, de l'Académie française, né à Dijon, le 13 janvier 1764, d'après Aved, grand in-8.

Très belle épreuve.

225 **Boutelou** (Louis-Alexandre). Caroline reine de Naples, dessiné et gravé par L. Boutelou, 1786.

Superbe et très rare épreuve de la célèbre reine. Médaillon inséré dans un cadre ovale, au pcintillé bistre.

226 — Le même portrait, in-8.

Très rare épreuve au pointillé, tirée en noir, de la plus grande rareté.

227 **Bovinet.** Marie-Antoinette reine de France, ovale in-8, de face, légèrement tournée à gauche.

Très belle épreuve avant toutes lettres.

228 **Delvau**. Jean de La Bruyère, de l'Académie française, in-12.

229 **Denon**. Napoléon Ier, premier consul. Jeoffroy fecit
Denon direct., l'an IV du Consulat de Bonaparte.

Superbe et très rare épreuve avant la lettre (aux Arts. — La Victoire). Médailles fort rares.

230 **Drevet** (Pierre), 1663-1738. Louis XIV, d'après
H. Rigaud, en pied. (D. 55).

231 **Duplessis-Berthaut**. Portrait d'un général, gravé
par Chatelain, in-8.

Deux épreuves avant la lettre, rare, (non cité dans les Graveurs au
xviii° siècle, de MM. Beraldi et R. Portalis).

232 **Chevillet**. Le Cardinal de Luynes.

Très belle épreuve avant toutes lettres.

233 **Cochin** D'après (Ch. N.). Portrait, in-8 ovale.

Superbe épreuve à l'eau forte; on y a ajouté le portrait de Hallé,
d'après Denon, gravé par Aliamet, avant la lettre.

234 **Ficquet**. (Eisen Charles), d'après Vispré, gravé par
E. Ficquet, 1761.

Très belle épreuve pour les Contes de Lafontaine, édition des Fer-
miers généraux, 1762.

235 **Fessard** Alb. Frances, Floncel, avvocato nel par-
lemento, d'après Regnault, 1761.

236 **Ficquet**. M. Tullius Cicero, d'après P.-P. Rubens.
(*De Amicitia dialogus*).

Magnifique épreuves in-18, Lutetiæ Typis, Jos. Barbou, 1771
in-32.

237 **Ficquet**. Fénelon. — Silva, d'après Rigaud. Raynal
4 pièces in-8.

238 — Gravelot, par Gaucher. — Louis XV, par Cochin,
d'après Pigalle, 1761. — Louis XV, par Gravelot. —
Frédéric II, d'après Monnet, 1762, gravé par Fessard.
Bonnes épreuves, dont le tirage à part.

239 **Gaucher** (Ch. E.). Marie-Cécile, princesse Otto-
mane, fille d'Achmet III, dessiné et gravé par Gaucher, 1788, in-8.
Très belle épreuve.

240 **Larmessin**. Sept portraits, in-4, ovale, A. P. D. R.
(chez Bertrand).

241 **Le Beau** (P.-A.). Madame Dugazon reçue à la Co-
médie-Italienne, en 1776, Esnauts et Rapilly, in-8.
Très belle épreuve de la plus grande beauté.

242 **Littret**. Portrait de Bonneval en Turc, d'après
Schmit.
Superbe épreuve, rare.

243 **Marcenay** (A. de). Le chevalier Bayard, d'après
N. pinxit, 1768, in-8.
Très belle épreuve.

244 — La Pucelle d'Orléans, d'après N. pinx., par de
Marcenay, 1769, in-8.
Très belle épreuve.

245 **Martinet**. Caroline-Mathilde d'Angleterre, reine de
Danemarck, (à Paris, chez Martinet, rue de Bièvre
sur la place Maubert), in-4.
Très belle épreuve.

246 **Massard**. Charles IX, roi de France, gravé d'après
le tableau original de Janet, in-8.
Belle épreuve.

247 **Masson** (Antoine). (1637-1700). Harcourt (H. de Lor-
raine, comte d'), dit Cadet la Perle. (R. D. 34).

248 **Masson** (Antoine). Brisacier (Guillaume de), secré-
taire des commandements de la Reine. (R. D. 30).
Superbe épreuve.

249 **Nanteuil**. Ormesson (A. Lefevre d'), conseiller
d'État. (R. D. 209).

250 **Saint-Aubin** (Aug. de). Delarive, d'après Sauvage.
Bonne épreuve.

251 **Savart** (P.). Christian VII, roy de Danemark et
de Norvège, in-18.
Superbe épreuve.

252 **Van Dyck**. Portrait en pied de sir Thomas Wharton,
gravé à la manière noire par Val Green.
Très belle épreuve.

---

253 **Boileau**, d'après H. Rigaud, gravé par R. Delaunay,
in-8.
Très belle épreuve avant la lettre, tablette blanche.

254 **Bernardin de Saint-Pierre**. Paul et Virginie,
in-8.
Épreuve avant la lettre, à la sphère, on a ajouté 1 portrait de
Deveria, gravé par Lefèvre, 1882, in-8.

255 Bonaparte, Cambacerès et Lebrun, consuls, portrait
dans un ovale.
Très belle épreuve, la tablette coupée.

256 **Delalande** (J.), né à Bourg, en Bresse, le 11 juillet
1732 (A Paris, chez Esnauts et Rapilly. A. P. D. R.),
gravé par Dupin.
Très belle épreuve de ce joli portrait de ce célèbre aéronaute.

257 **Graffigny** (M^me de), d'après Deveria, gravé par Goulu, in-8, avant la lettre.

258 **Le Claire** (J.-Marie) L'aîné, de Lyon, d'après Loir, gravé par François.

259 **Linguet**. Très joli Portrait dessiné et gravé par Aug. de Saint-Aubin.

> Très belle épreuve avec le nom de l'artiste, à la pointe et les quatre vers en bas.

260 **Louis XV**, in-8, avant toutes lettres. — Paule de Gondy, in-8.

261 **Napoléon 1^er**. Bouquet français, portrait dans un ovale allégorique, à gauche Joséphine, à droite Napoléon II.

> Rare, on y a ajouté Napoléon à Austerlitz, avant la lettre.

262 **Potain** (le D^r) (Bordes del Boilly p^t), le premier qui tenta le passage du canal [Saint-Georges de Dublin, en Angleterre, 24 lieues sur mer, le 17 juin 1785. Lithog. de C. Constans.

> Curieux et rare Portrait de cet argonaute.

263 **Rohan Guémené** (Louis-René-Édouard, prince cardinal de la Sainte Église Romaine).

> Joli Portrait imprimé en couleur, par Guyot

264 **Toussaint Louverture**, in-12, tablette ombrée, avant toutes lettres.

265 **Walter-Scott. — Wellington**. Deux portraits, in-8, manière noire.

266 **Portraits** divers. Membres de la Chambre des Pairs, in-8, avant la lettre, dont trois avec la lettre 13 portraits.

267 — Diverses Pièces. Portraits des Pairs de France, par Lefèvre, in-8, belles épreuves avant et avec la lettre. Dix-neuf pièces.

268 — Lot de diverses Pièces.

# ESTAMPES ANCIENNES

ORNEMENTS. — CARICATURES. — EAUX-FORTES. — FIGURES SUR BOIS DU XV° ET XVI° SIÈCLES. — LIVRES.

269 **Amman** (Josse). Bois. Suite relative à la Bible. 24 pièces sur 3 feuilles.

270 **Augustin** (dit le Vénitien). Flambeau, pièce très curieuse de la Renaissance, avant le numéro et avant la date.

271 **Bonvin** (François), d'après. L'École, gravé par A. Masson.

272 **Bouchardon** (d'après), 1698-1762. Deux Vases montés en dessin.

273 **Bouchardon** et autres. Suite de 5 pièces: Cris de Paris; la Charbonnière, d'après Cochin, etc.

274 **Callot** (Jacques). 1593-1635. Les Gueux, eaux-fortes, 6 pièces.

275 *Eaux-fortes*. Saint-Jean, d'après Bonnard. Chasse au cerf. — Misères de la Guerre. Scène de la Passion, 4 pièces.

276 *Passion* (Autres Scènes de la), Croquis divers, lot de 52 pièces.

277 *Caricatures*, Convoi de la Quotidienne, A Versailles ! A Versailles ! — Les deux Extrêmes se touchent. 4 Pièces coloriées. — Arbres à fleurs, 1793.

277 *bis*. **Castiglione Benedetto.** Le Christ prêchant.
Grande Pièce à l'eau-forte, signée Rembrandt. On a ajouté le 1er état non terminé et avant le nom.

278 **Conretus.** [1 Lot de spécimens d'alphabets, gravés sur bois, modèles fournis par Conretus de Monte Regale.
Beau Travail du xvie siècle.

279 **Cranach** (Lucas Sunder dit). Apôtres. 6 pièces, gravures sur bois. XIIe (siècle.

280 **D'Avignon Bourgeois.** 2 pièces, Postures du Corps (Écriture), gravées d'après le dessin (avec sujets).
On a ajouté 2 Pièces de Bernard; art d'écrire sur une feuille.

281 **Daumont.** Deux cartouches d'ornement, dédiés à Messieurs les banquiers. 2 feuilles.
Très belle épreuve, rare.

282 **Delaulne** (Etienne), dit Stephanus, 1520-1592. Dix pièces frises, combats divers contre les Centaures, animaux, l'Enlèvement des Sabines et combats mythologiques.

283 **Ducerceau** (Androuet). Cinq pièces, motifs d'ornementation avec divers attributs mythologiques et allégoriques.

284 **Dupin.** Mort du chevalier d'Assas, in-8. et pièce révolutionnaire publiée par Martinet. 2 pièces en bistre.

285 **Ecole Française**. Pièces diverses ornements, d'après Pillement, Guyot, etc., dont une eau-forte.

286 **Ecole Française** et **Allemande**, d'après Vincent, Lesueur et autres. 20 pièces, gravures sur bois ; culs-de-lampe, entêtes de chapitres provenant de divers ouvrages.

287 **Ecole Allemande**, par Beham, Voghelmuth et autres. Costumes et sujets divers. 25 pièces gravées sur bois.

288 **Ecole Allemande du XV<sup>e</sup> siècle**, par Chauffelin, Beham, etc. 28 pièces sur bois.
> Réunion curieuse de Costumes.

289 **Ecole Allemande du XV<sup>e</sup> siècle**, par Goltzius, Chauffelin et autres maîtres. Gravures sur bois. 22 pièces.
> Très curieuses figures.

290 **Ecole Allemande**. Vingt-une pièces sur bois, par Alb. Durer. Beham, et diverses pièces de l'Ecole espagnole.

291 **Ecole Allemande**. Soixante-dix-huit pièces gravées sur bois pour l'histoire de la Bible, etc.

292 **Ecole Italienne**. Saint-Jean prêchant. Hercule étouffant le lion, d'après Raphaël. 2 pièces sur bois, fac-simile de dessins anciens, par Ugo da Tarpio et Vicentini. (Bartsch XII, 73, n° 18. — XII page 119. p. VI, 226.)

293 **Ecole Italienne**, d'après Raphaël. Le Jardin des Hespérides. 1 pièce sur bois gravée par Ugo da Carpi. Bartsch XII, page 109. — Andrea del Sarte. Allégorie religieuse, pièce citée dans Bartsch. 2 pièces. Fac-simile de dessins.

294 **Ecole Italienne.** Quatre pièces d'après Raphaël, Le Parmesan, Ant. de Trente et le Guide. Facsimile de dessins cités par Bartsch.

295 **École Italienne.** Cent pièces environ, gravées sur bois pour le Dante.

296 — Eaux-fortes et diverses. Suite de huit pièces à l'eau-forte, d'après Duplessis-Bertaux. Passage du Mont-Blanc, l'Évocation des Morts, d'après Loutherbourg, gravés par Foulquier, etc.

297 **Huet** (J.-B.). Suite de 26 pièces à la sanguine. Ornements, vases, paysages à la sanguine, par Janinet, de Marteau et autres.
> Jolies Pièces intéressantes pour un dessinateur.

298 **Huet** (d'ap. J.-B.). Suite de 11 pièces à la sanguine, études de dessins, par Bonnet.

299 **Jacque.** Vases nouveaux composés par M. Jacque, peintre et dessinateur en la manufacture royale des Gobelins. A Paris, chez Daumont, suite complète de 6 pièces dont un frontispice.
> Très belles épreuves.

300 **Jacque** (Charles). Un lot d'eaux-fortes.

301 **Langlois.** Suite de 5 paysages. (A Paris, chez Langlois, 12, rue Saint-Jacques, à la Victoire.)

302 **Leclerc** (Thomas). Principes de dessin d'après nature, gravés par Janinet et Bonnet, 1773. Cinquante-cinq pièces à la sanguine.

303 **Leclerc** (S.), **De Marteau**, etc. Huit pièces diverses.
> Une des Pièces est tirée à l'eau forte sur le verso de la pièce, avant la lettre.

304 **Leys**. Eau-forte. Un Bouquiniste au moyen-âge, gravée par Van Reeth sur chine, avant la lettre.

305 **Leys** (Baron Henri). Eau-forte. Un Intérieur.
Très belle Eau-Forte du célèbre peintre belge, avec envol à son ami de Block.

306 **Lepautre** (Jean). Liure de serrurerie, suite complète de 12 pièces dont un joli frontispice gravé par Jacques Lepautre.
Très belles épreuves, rare.

307 **Lepautre** (Jean). Livre de miroirs et guéridons. Suite complète de 6 pièces.
Superbes épreuves, rare.

308 **Lepautre** (Jean). Nouveau livre de cartouches et ornements. Suite complète de 6 pièces.
Très belles épreuves; jolie suite, rare.

309 **Lepautre** (Jean). Livre de lits à la romaine (inventé et gravé par). Suite complète de 6 pièces.
Très belles épreuves.

310 **Lepautre**. Plafonds et 8 motifs de frises. 9 pièces.

311 **Lepautre** (Jean). Livre de cartouches et mausolées. Suite complète de 6 pièces.
Très belles épreuves.

312 — Londres (Vues de). North east view off Wesh-minster Abbey. — A South view of the New custom house. — A view of the royal exchange. — Cornhill. — A view of the bank of England. 3 pièces d'après Gendall, Shepherd, gravées par Havell et Stadler. (Published Ackermann's, 1817.)
Très belles épreuves de 1er coloris.

313 Lutrin (Le). A Paris, chez Basset, rue Saint-Jacques.

> Très belles épreuves coloriées de 1er état.

314 **Ostade** (Adrien Van). Eau-forte d'après son dessin à la plume et à la sépia. Fac-simile par Trimolet, chine monté.

315 **Panino Tasiaio.** Il Ballo. — I rinfreschi. — Il Regalo. — L'Anello. — La Scritta matrimoniale. — H. Pranzo. Suite de 6 pièces coloriées.

> Très curieuses Caricatures grotesques italiennes du xviiie siècle.

316 Paysages. — Suite de 6 pièces. A. D. G. xviie siècle.

317 **Ranson.** Trois jolies feuilles d'ornements contenant plusieurs sujets sur la même feuille.

318 **Ranson.** Trois feuilles, cadres ornementés, gravés par Voysard.

> Superbes épreuves.

319 **Révolution Française.** Deux pièces très curieuses imprimées en rouge. (Vue de la place de Grève le jour de la prise de la Bastille, et Nous cédons à l'amour de la Liberté.) (Mort de Delaunay, Foulon, etc.) 2 pièces.

> On a ajouté deux Pièces d'après J.-P. Delion, gravé par Labrousse.

320 **Rigaud** (J.). Scènes de guerre gravées par lui-même, 1732. 5 pièces.

321 **Salembier.** Cahier d'arabesques, composée et gravées par Salembier. Suite complète de 6 pièces en hauteur. Paris, chez Chereau avec privilège du Roy.

322 **Salembier.** Attribués à? 8 modèles de vases. Eaux-fortes.

323 **Schauffelin** (Hans). Histoire du Christ, gravée sur bois. 16 pièces.
Belle condition.

324 **Schmid**. Gravé par Meer. Vue de la chaîne des montagnes depuis le Rossberg jusqu'au Pilate, prise au milieu du pont de la Cathédrale; en couleur.

325 **Schut** (G.). Suite de 8 pièces, eaux-fortes. A Anvers, chez J. Haest.

326 **Solis** (Virgile). 1542-1562, 4 pièces. Motifs de nielles, variées.
Bonnes épreuves.

327 **Solis** (Virgile). Chauffelin et autres. 17 pièces sur bois.
Pièces fort curieuses.

328 **Trimolet.** Ancien Hôtel-Dieu. Eau-forte.
Très belle épreuve avant la lettre, signée de l'artiste, au crayon.

329 **Van Merlen** (J.). Vues de Paris. La Bastille. Saint Sulpice, Saint-Eustache, l'hôtel de Longueville, Saint-Germain-l'Auxerrois, etc. 7 vues de Paris.

330 **Villot** (Frédéric), (2 bois) d'après sur la même feuille.
Essai curieux, l'une des figures est gravée sur buis l'autre sur poirier.

331 **Voltz** (J). 1823. Suite de 12 pièces coloriées. (Passion de Jésus-Christ), gravées par Nufsbiegel.

332 — Suite de 7 pièces coloriées, sujets divers.

333 — 6 pièces coloriées, dont 4 faisant pendants.

334 Suite de 12 pièces coloriées, pour une histoire allégorique, avec sujets historiques.

335 Suite de 10 sujets sur 5 feuilles : vues de Dresde, Berlin, Leipsig, Londres, etc. Jolie suite, rare.

336 Suite de 4 pièces curieuses révolutionnaires, caricatures. Suite rare à laquelle on a ajouté 2 pièces fort curieuses, publiées à Nuremberg, gravées par Fr. Campe.

337 Lot de pièces anciennes et modernes : costumes, sujets divers, etc. 10 pièces.

338 **Sacre de Louis XV**, roy de France et de Navarre, dans l'église de Rheims, le dimanche XXV octobre 1722, S. L. N. D. (1722), gr. in-fol., titre gravé et figures, dem. bas.

> Très belles épreuves de ce superbe volume ; très belle conservation.

339 **Art**. (Revue hebdomadaire illustrée) (3 années) : la première année est brochée, les 2 autres années en livraisons.

> Ces premières années sont rares et épuisées au 1<sup>er</sup> tirage (publiée à 120 fr. l'année).

340 **Mazot** (F). Recueil de méditation de notes sur les mystères de la Passion. Vol. contenant de jolies figures et portraits sur cuivre avec texte.

---

## VACATION DU SOIR

Environ 1,000 **Dessins** et 5,000 **Estampes, Ornements, Architecture, Militaires, Voitures, Fêtes publiques, Vues diverses, Vignettes, Portraits et Lithographies** provenant des Cartons de l'Artiste, et que le temps ne nous a pas permis de cataloguer.

Vᵉ Rɪɴᴏᴜ, Mᴀᴜʟᴅᴇ et Cᴏᴄᴋ, imprs de la Compagnie des Commissaires-Prisours, rue de Rivoli, 144.          32497

www.ingramcontent.com/pod-product-compliance
Ingram Content Group UK Ltd.
Pitfield, Milton Keynes, MK11 3LW, UK
UKHW022133170726
13837UKWH00004B/1529